Erfolgreich führen
So bekommen Sie mehr Zeit

Wie bekommen Sie als Führungskraft mehr Zeit und warum haben Sie sie noch nicht?

Neues Führungsteam

Copyright © 2016 Neues Führungsteam

Mail: hallo – at – neues-fuehrungsteam.com
Web: www.neues-fuehrungsteam.com
Twitter: www.twitter.com/neueFuehrung

Alle Rechte vorbehalten. Vervielfältigung, aus auszugsweise, nur mit schriftlicher Genehmigung des Autors.

ISBN: 1536858242
ISBN-13: 978-1536858242

INHALT

1	Vorwort	1
2	Wie es oftmals dazu kommt	5
3	Ist das das Beste das du liefern kannst?	12
4	Lieber Chef, ich habe hier ein Problem für Dich	18
5	Verfeinern Sie Ihre Sensoren	27
6	Der kleine Nebeneffekt	33
7	Zusammenfassung	34
8	Nachwort	37

VORWORT

Auf meinem Weg vom Mitarbeiter über die Führungskraft ins Management habe ich viele Seminare besucht und Techniken gelernt, wie man seine Arbeit erledigt bekommt. Hin und wieder, doch sehr selten, waren darin Teile die mir helfen, mehr Zeit für mich als Person oder auch mehr Zeit für meine eigentlichen Aufgaben zu erhalten.

Vor allem als Führungskraft ist, gegen die allgemeine Meinung, oftmals der Großteil des Arbeitstages fremdbestimmt. Wir sind getrieben von unserem Terminkalender, von Besprechungen mit dem eigenen Chef, mit den Mitarbeitern, Kunden oder Lieferanten.

In den Zeiten während wir von einem Meeting zum nächsten hetzen, versuchen wir noch die eine oder andere E-Mail oberflächlich zu beantworten. Bei enger Terminwahl arbeiten wir in den Abend hinein oder beginnen sehr früh. Sollten sich Pausen ergeben, kümmern wir uns um unsere Mitarbeiter indem wir auch ihre Probleme noch lösen.

Um selbst hin und wieder produktiv werden zu können greifen wir zur Selbsthilfe und, tragen Scheintermine mit fiktiven Personen ein, die zeigen, dass wir beschäftigt sind, nur um unsere eigentliche Arbeit machen zu können.

Wenn ich dieses Berufsbild so betrachte, ist die Führungskraft keine wirklich erstrebenswerte Position. Sie ist in den meisten Fällen eine Sandwich-Position mit „Bandscheiben"-Aufgaben, die den Druck von oben und von unten kommend durch zeitraubende Jonglierkünste zu dämpfen. Eine Position als Chef zwischen dem eigenen Chef und den Mitarbeitern.

Doch das muss nicht so sein! Ich möchte Ihnen in diesem Buch zeigen, wie ich und einige meiner Mitarbeiter, Freunde und Kollegen diesem Trott entkommen sind. Und dabei werde ich mich ausschließlich auf die am einfachsten zu beeinflussenden Faktoren konzentrieren. Also nicht um die Termine mit den Kunden, nicht die mit dem Chef, sondern es geht darum wie Sie mit Ihren Mitarbeitern umgehen, denn das können Sie ganz einfach steuern und es liegt zu 100% in Ihrer Hand.

Es gibt sehr viele, oftmals subtile, Aspekte erfolgreicher Mitarbeiterführung. Wir haben diesem zentralen Thema nicht nur dieses spezielle Buch, sondern auch noch weitere gewidmet, die ich Ihnen gerne empfehlen möchte. Doch dieses erste Exemplar dieser Serie widmet sich einem wesentlichen Führungsstil, der Ihnen mehr Zeit verschafft. Zeit, die Sie anschließend nutzen können, um Ihre Arbeit zu erledigen ohne viele Überstunden anhäufen zu müssen, oder Zeit, die Sie dazu nutzen können die weiteren Stilelemente in den anderen Büchern betrachten, für Sie zu bewerten und anschließend ganz oder teilweise umzusetzen. Doch alles im Leben benötigt das wichtigste, was wir Menschen haben, nicht wieder zurückbekommen, selbst, wenn wir versuchen etwas zu reklamieren – Zeit. Ihre Zeit.

Es geht mir um die Art und Weise der Zusammenarbeit zwischen Ihnen und Ihren Mitarbeitern. Daher handelt es sich hier nicht einfach nur um ein paar Techniken im Zeitmanagement. Nein, es handelt sich um einen grundsätzlichen Ansatz im Führungsstil.

    Dieses Buch entstand aus Erfahrungen die ich, Freunde und Kollegen selbst im Bereich von Management über viele Jahre hinweg machen durften. Ich konnte miterleben, wie aus einer kleinen Firma mit familiären Charakter und 3 Mitarbeitern ein Unternehmen mit mehr als 50 Mitarbeitern wurde, welches verschiedene Abteilungen und mehrere Führungsebenen besaß. Ich sah wie Mitarbeiter eingestellt, ausgebildet, befördert, aber auch entlassen, demotiviert, alleine gelassen und vergessen wurden. In dieser Zeit durchwanderte ich alle entstandenen Führungsebenen, vom kleinen Jungen der gerade von der Schule fertig wurde, bis in das Unternehmensmanagement. Ich machte viele Fehler und lernte aus den meisten. Doch ich sah auch viele Führungsfehler und half meinen Kollegen, meinem eigenen Chef und auch meinen Mitarbeitern, sowie ich natürlich auch selbst stets bemüht war, diese Fehler auszubessern, nicht wieder zu machen, und wieder gut zu machen.

    Die meisten Führungskräfte, die ich kenne, mussten Führung lernen. Das Schöne ist: es kann erlernt werden.

    Personen, die erfolgreiche Führungskräfte sein wollen müssen es lernen. Doch das Lernen von Führen erfolgt meist durch Versuch und Irrtum. Wenn jemand als Führungskraft Glück hat, hat diese Führungskraft jemanden, einen Freund oder Kollege der bereits mehr Erfahrung hat oder einen Chef der die Führungskraft wirklich fördern und entwickeln will, irgendjemanden, der sie in verschiedenen, manchmal schwierigen Situationen coacht um nicht alles durch Versuch und Irrtum erlernen zu müssen.

    Wir teilen in dieser Buchserie unsere Erfahrungen mit, damit diese Best Practices Ihnen helfen Ihren, durch direkte

Umsetzung oder auch auf Ihre Situationen angepassten, eigenen erfolgreichen Führungsstil zu finden, zu entwickeln oder zu perfektionieren.

2 WIE ES OFTMALS DAZU KOMMT

Wenn es um das Thema Ausbildung – also die Vorbereitung zu einer Führungskraft in einem Unternehmen - geht sagte Prof. Dr. Manfred Winterheller, in einem seiner Hörbücher, „Nirgendwo muss man so wenig können, als wenn man Chef ist. Chef wird man einfach so." Und ja, ich stimme diesem zu. Manchmal reicht es einfach nur lange genug „dabei zu sein" und man rückt aufgrund der Erfahrung entsprechend vor. Hin und wieder ist es einfach so, dass die Abteilungen erst im Entstehen sind und diejenige Person, die in diesem Bereich bereits am längsten tätig ist, oder zu Beginn mit den Tätigkeiten dieser neuen Abteilung betraut war, erhält die Führung dieses Bereichs.

Eine der wohl häufigsten Beförderungen zur Führungskraft rührt jedoch daher, dass man seinen eigentlichen Job gut gemacht hat und irgendwo gerade eine Führungskraft benötigt wird. Und deswegen, zum Chef oder zur Chefin befördert wird. So passiert es täglich in den Unternehmen der Welt, dass die besten Techniker, die besten Verkäufer, die besten [setzen Sie ein was sie wollen], zu den Teamleitern, Abteilungsleitern oder Bereichsleitern befördert werden in der Annahme, dass die

Neues Führungsteam

Mitarbeiter diesen Job genauso gut machen werden wie den bisherigen – ganz ohne zusätzliche Unterstützung, ohne vorangegangen unverbindlichen Experimenten um die Führungskompetenz zu prüfen, aufzubauen und auszufeilen. Das sind definitiv nicht die besten Voraussetzungen dafür eine erfolgreicher Vorgesetzter zu werden.

Der auserkorene Mitarbeiter war, nein, ist ein Fachmann in seinem Bereich, der diese Kompetenz durch jahrelange Erfahrung, Ausbildung und Fortbildung erreicht hat. Und das qualifiziert zur Führungskraft? Zu etwas komplett anderem? Sie werden mir zustimmen, dass diese – wohl gemerkt gängige Praxis – nicht ganz durchdacht zu sein scheint.

Es gibt viele Ausbildungen im Bereich Management. Dort geht es entweder um Projektmanagement oder Unternehmensmanagement. Es geht um Abläufe, Zahlen, Daten und Fakten. Doch Ausbildungen um eine erfolgreiche Führungskraft zu werden, bei der es um die Führungsaufgabe an sich und den Umgang mit Menschen geht, sind rar. Aus vermutlich diesen Grund wiederholt sich die Vorgehensweise der Führungskräftewahl von Führungsgeneration zu Führungsgeneration.

Oftmals werden die Führungskräfte anschließend in verschiedene Seminare gesteckt, in welchen sie lernen, dass sie delegieren sollen, ihren Mitarbeitern ein Vorbild sein, diesen einen Rahmen festlegen, Jahresgespräche führen, idealerweise psychologie-Kompetenzen aufbauen und noch vieles mehr sollen. Da jedoch häufig die eigene Arbeit auch noch an der jungen Führungskraft hängt, die man ja gut und gerne gemacht hat und diese nicht nur deswegen wieder gerne macht, weil sich bestimmt noch keiner der nun eigenen Mitarbeiter in diese Thematik entsprechend eingearbeitet hat, sondern auch weil, eben genau diese Arbeit (von früher) das kleine Glücksgefühl des Erfolges wieder bringt, das oftmals verwehrt bleibt, wenn nun die Mitarbeiter (im Allgemeinen ausschließlich) die Probleme bei der Führungskraft abladen, wundert es nicht, dass die meisten Führungskräfte von Zeitmangel sprechen. In daraus resultierenden anschließenden Zeitmanagement-Seminaren lernt man nun die Eisenhower Methode und die Salamitechnik, identifiziert Zeitdiebe und versucht die Produktivität, zu steigern. Im Herzen der Führungskraft brennt der dringende Wunsch die Aufgabe zu meistern, diesen Job genauso gut zu machen, wie den vorangegangen und das ihm entgegengebrachte Vertrauen nicht zu enttäuschen. Es sind die eigenen hohen, sozial anerkannten Ansprüche, die den Nährboden für den Wunsch die eigene Leistungsfähigkeit zu erhöhen, liefern.

„Ich will das richtig machen und darum stürze ich mich jetzt so richtig rein – sagt die kleine Stimme in mir".

Während die Eisenhower Methode versucht Arbeiten in einen von vier Quadranten mit den Achsen dringlich und wichtig einzuteilen. Und aufgrund dieser Quadranten, zu entscheiden, die Arbeit ganz liegen zu lassen (nicht wichtig und nicht dringend), die Arbeit zu delegieren (dringend, aber nicht wichtig), die Aufgabe selbst und sofort zu erledigen, weil sie dringlich und wichtig erscheint oder sich auf Termin zu legen und später zu erledigen, weil sie zwar wichtig aber nicht dringend ist, kümmert sich die Salamitechnik darum, große Aufgaben in kleine handhabbare Stücke zu teilen. So wie Sie auch eine Salami in kleine Scheiben schneiden und nicht die ganze Stange auf einmal in den Mund schieben.

Abbildung 1: Illustration Eisenhower-Matrix von Oliver Tacke (flickr.com unter CC-Lizenz mit bestimmten vorbehaltenen Rechten)

Doch jetzt im ernst? Ihre Mitarbeiter kommen ständig mit Problemen zu Ihnen, Sie haben unzählige Meetings, Ihr Chef deckt Sie mit Aufgaben zu, Kundenanfragen, eine überfüllte Mailbox, ein kontinuierlich läutendes Handy und vieles mehr. Wer kann es sich schon leisten die Aufgaben seines Chefs als nicht wichtig und nicht dringend einzustufen und somit zu ignorieren? Oder wenn Sie keinen Chef mehr haben, weil es Ihr Unternehmen ist, nehmen Sie die Anfrage eines Kunden. Außerdem liegt bei allem die Verantwortung doch bei Ihnen? Dadurch müssen Sie doch das Ergebnis, sowie die Ausführung der von Ihren Mitarbeitern erledigten Aufgaben kontrollieren! Dies ist bei kleinen Themen oftmals fast aufwändiger, als es gleich selbst zu machen und bei großen Aufgaben umso wichtiger, da viel auf dem Spiel steht. Oder nicht?

Es lebt das Dogma sich aus den Seminaren ein oder zwei Punkte mitzunehmen und so werden dann kleine, einfache Dinge – zumindest für eine kurze Zeit – umgesetzt, bevor der alte Trott wieder einkehrt. Doch der große Erfolg bleibt aus. Die Tage im Büro werden länger, beginnen früher, E-Mails werden noch gleich am Sonntagabend beantwortet, denn am Montagmorgen ist der Terminkalender bereits wieder voll.

Natürlich schildere ich hier lediglich ein fiktives Szenario – oder finden Sie sich vielleicht doch genau darin wieder?

Es muss selbstverständlich nicht so ablaufen und auch wenn es so abgelaufen ist, was hilft es Ihnen nun? Es ist belanglos mit welchen guten oder schlechten Voraussetzungen Sie in der aktuellen Situation gelandet sind und wie diese genau aussieht. Tatsache ist, dass Sie sich mehr Zeit wünschen oder auch nur mehr Produktivität und etwas weniger Probleme. Darum lesen Sie diese Seiten und da ohnehin immer nur wenige Punkte und Ratschläge umgesetzt werden, konzentriere ich mich auf ganz wenige und triviale Elemente im Führungsstil, die Ihnen den Weg zu diesem „Mehr Zeit"-Ziel ebnen.

Ich habe in diesem Buch nicht nur meine Erfahrungen zusammengetragen, sondern auch von vielen Unternehmern und Führungskräften, die mir erlaubten von ihren Erfahrungen zu profitieren.

Es geht mir in diesem Buch nicht um Mikrooptimierungen im Zeitmanagement, damit Sie effizienter werden. Nicht um Studien, die Ihnen zeigen, was es Ihnen an Effizienz kostet, wenn Sie gleich am Morgen E-Mails lesen, noch bevor Sie sich darüber Gedanken gemacht haben, was sie eigentlich heute erledigen wollen und sollen, wie es unter anderen auch Brendon Buchard vorschlägt.

Auch wenn ich von vielen Ideen viel halte, geht es mir hier um einen anderen Ansatz mit dem ich selbst eine erfolgreiche Führungskraft geworden bin. Es ist kein Allheilmittel, keine Garantie. Aber es ist definitiv eine Idee oder eben mehr ein

(Führungs-)Stil, der es Wert ist, dass Sie darüber nachdenken. Denn offenbar wollen Sie etwas in Ihrem Führungsverhalten ändern um mehr Zeit für Sie, für Ihre Arbeit, für Ihre Mitarbeiter, Ihre Kunden etc. zur Verfügung haben. Es geht mir um einen Führungsstil, der Ihnen erlaubt effektiver zu werden, Mitarbeiter in die Verantwortung gehen zu lassen und gemeinsam zu wachsen.

Ich schreibe hier bewusst nicht effizienter – also mehr leisten – sondern effektiver und somit das richtige tun.

Darum will ich Ihnen natürlich nicht vorenthalten, was ich mit erfolgreicher Führungskraft meine:

- Mitarbeiter tragen selbst Verantwortung und lösen viele Aufgaben selbstständig.
- Es gibt keine Rückdelegation mehr.
- Wir konzentrieren uns darauf Lösungen zu finden und nicht den Verursacher.
- Mitarbeiter kommen nur noch mit wenigen Problemen zu mir, sondern lösen die meisten selbstständig. Und wenn sie kommen, dann um eine Entscheidung verschiedener Lösungsansätze zu erhalten.
- Die Mitarbeiter kommen vertrauensvoll mit den wichtigen Problemen, die sie tatsächlich nicht selbst lösen können und gemeinsam werden wir eine Lösung erarbeiten.
- Unser Verhältnis ist von gegenseitigem Respekt geprägt.

Möglicherweise schreit es in Ihnen nun auf: „was für ein Blödsinn! Was für eine Idealvorstellung!" Na gut. Sie müssen es mir nicht glauben. Sie müssen gar nichts tun. Doch selbst wenn Sie es für eine Idealvorstellung halten, wäre es nicht ein lohnenswertes Ziel sich dieser Vorstellung zu nähern?

Selbstverständlich haben Sie in dieser Aufzählung gemerkt, dass kein einziges Mal das Thema Zeit darin vorkam. Denn wie ich sagte, handelt es sich, meiner Meinung nach, um grundsätzliche einfache Sachen in der Führungsarbeit, die dies als erste Konsequenz haben, und darauf folgend Ihnen mehr Zeit, mehr Freiraum und freiere Gedanken schafft.

Ich empfehle Ihnen also nicht in dem Boot in dem sie sitzen schneller zu rudern um dadurch schneller voran zu kommen, sondern ich halte es hier eher mit Albert Einstein, der sagte „Probleme kann man niemals mit derselben Denkweise lösen, durch die sie entstanden sind."

Da Sie vermutlich nur wenig Zeit haben, will ich Sie nicht länger auf die Folter spannen und mit einem kleinen konkreten Szenario loslegen, wie es klassischerweise gerne in der freien Berufswildbahn vorkommt, es anschließend analysieren und zeigen, wie durch ganz kleine Änderungen im Führungsstil große Auswirkungen erzielt werden können.

3 IST DAS DAS BESTE DAS DU LIEFERN KANNST?

Wolfgang ist ein junger Web-Entwickler. Er baut Webseiten für die Kunden der Firma. In seinen Projekten gibt es immer viel zu tun, viele Unklarheiten, weil Informationen oder Vorgaben fehlen, viele Unsicherheiten, weil oftmals etwas ganz Neues entwickelt wird und noch keine Erfahrung in diesem speziellen Bereich, bei diesem speziellen Feature oder in dieser speziellen Technologie vorhanden ist.

Natürlich gibt es in diesen Projekten viele Termine, viel abzuklären. Mit dem Vorgesetzen, mit dem Kunden, mit den Kollegen. Sobald sich Wolfgangs Projekt dem Ende nähert, werden die Blicke neugieriger und genauer. Tausende Kleinigkeiten fallen seinem Chef, dem Kunden und den Kollegen auf, die noch geändert werden müssen um aus der Webseite eine verdammt gute Webseite zu erstellen. Sie soll den hohen Qualitätsansprüchen, die sich alle gesetzt haben, auch wirklich entsprechen.

Immer wieder kommt Wolfgang zu seinem Chef und fragt ihn ob dieses oder jenes, wie er es umgesetzt hat, auch passt. Je fortgeschrittener das Projekt, desto häufiger tritt dies auf.

Häufiges Feedback ist ein gewünschter Gast, denn alle wissen, dass Fehler umso günstiger behoben werden können, je früher sie gefunden werden. Da Wolfgang den Wünschen seines Chefs und des Kunden entsprechen will, muss er also ständig nachfragen, sich das Feedback einholen, das ihm bestätigt, dass er immer noch auf dem richtigen Weg ist.

Joe, Wolfgangs Chef, hat natürlich noch weitere Mitarbeiter, will natürlich ein guter Chef sein und alles aus der Leistungsfähigkeit von Wolfgang herausholen, seinen Arbeitsfluss nicht unterbrechen und natürlich will er seinen Mitarbeitern mit Rat und Tat bei Seite stehen. Deswegen unterbricht er stets seine eigene Arbeit um Wolfgangs Fortschritte zu kontrollieren, die Ergebnisse zu begutachten und die eingeforderten Feedbacks zu geben.

Eines Tages merkt Joe, dass er sich nur mehr schwer für längere Zeit konzentrieren kann. Er wird auch das Gefühl nicht mehr los, einfach keine Fortschritte mehr in der eigenen Arbeit zu sehen. Er hat den Eindruck absolut unproduktiv zu sein. Irgendetwas passt nicht. Von seinen Mitarbeitern bekommt er stets das Feedback – sofern er es sich bewusst einholt – dass er ein guter Chef ist, dass er immer Zeit für sie habe und stets weiterhilft. Ein schönes Feedback, das man eigentlich nicht riskieren will.

Nach reiflicher Überlegung fällt Joe auf, dass er viel Zeit einfach damit vergeudet offensichtlich noch nicht fertige Elemente abzusegnen. Er manchmal kleine Änderungen einfordert, da diese offenbar nicht vollständig, nicht sauber oder irgendwie sonst nicht gut umgesetzt sind, anschließend Wolfgang wieder an die Arbeit gehen lässt um dieses Spiel zwei-dreimal oder manchmal häufiger wiederholt.

Joe beschließt diese offensichtliche Kleinigkeit mit einem einfachen Mittel und großer Wirkung abrupt zu ändern.

Neues Führungsteam

Jedes Mal, wenn ein Mitarbeiter nun fragt: „Joe, kannst du dir das kurz anschauen?" entgegnet Joe, „bevor ich es mir ansehe, sag mir, ist es das Beste, das du abliefern kannst?"

Wenn Joe, nun einen überlegenden oder zweifelhaften Blick als Antwort bekommt, fügt er hinzu: „Ich sehe es mir gerne an, sobald es das Beste ist, was du liefern kannst. Aber um unnötige (Korrektur-)Schleifen zu vermeiden erst dann. Sag mir Bescheid, wenn es soweit ist."

Fehlt der Zweifel im Gesichtsausdruck des Mitarbeiters und kontert dieser sofort mit einem „ja", so weiß Joe, dass es nun für ihn Zeit ist, die Arbeit zu begutachten und abzusegnen.

Auf die abgeänderten Fragen wie „Ich bin fast fertig, kannst du schon einmal einen Blick darauf werfen?" kontert Joe mit einer abgeänderten Antwort die lautet „Ich sehe es mir an, wenn es auch aus deiner Sicht ganz fertig ist."

Die Konsequenzen sind, dass binnen kürzester Zeit viele unnötige Korrekturschleifen einfach eliminiert werden konnten. Der Gesamtzeitaufwand von Meetings und Korrekturen reduzierte sich auf ein Minimum und Joe hat mehr Zeit.

Heute kann Joe, die weitere Vorgehensweise und die Konsequenzen genau schildern: „Das Ganze ist natürlich nicht nur schwarz/weiß. Es gibt sehr wohl ein paar Fallstricken die sich in dieser Methode verbergen. Es ist empfehlenswert den Mitarbeitern auch klar zu machen, dass ich mir sehr wohl Zwischenstände ansehe, wenn es von Bedeutung ist, wenn wichtige Entscheidungen anstehen, die getroffen werden müssen oder bevor, durch mein Unterlassen und somit meinem nicht entscheiden, der Mitarbeiter in die falsche Richtung arbeitet und so die Gefahr bestünde, dass viel umsonst gemacht werden würde.

Zusätzlich ist diese eine letzte Feedbackschleife besonders

wichtig. Meine Frage lautet ja ‚Ist es das Beste, was du abliefern kannst' und die Antwort des Mitarbeiters ist (inzwischen) ‚ja'. Das bedeutet, der Mitarbeiter hat sein Bestes gegeben. Dies muss ich als Führungskraft anerkennen. Ich verwehrte ihm frühzeitiges Feedback, Bestätigung und Anerkennung. Doch jetzt ist es Zeit dies aufzuholen. Ich starte also mit allem positiven was mir an dem Ergebnis auffällt. Ich hebe es hervor und gieße das kleine Motivations-Pflänzchen im Mitarbeiter der gebannt an meinen Lippen hängt. Erst anschließend äußere ich meine Änderungswünsche, denn es fallen immer Sachen auf, die übersehen wurden oder ich mir anders vorgestellt habe. Doch da ich diese nicht mehr besonders hervorhebe, sondern das Positive der Arbeit, gibt es auch viel weniger an mieser Laune und die Mitarbeiter erledigen die oft lästigen kleinen Änderungen lieber.

Ein kleiner Satz, und die konsequente Anerkennung haben das Verhältnis von mir und meinen Mitarbeitern verbessert und mir mehr Zeit für sich verschafft."

Zugegeben auf den ersten Blick sieht es aus als verwehre Joe das notwendige Feedback, welches für seine Mitarbeiter sehr wichtig ist. Es scheint, als nehme er seine Führungsaufgaben nicht wahr und riskiere damit spätere, viel größere und teurere Korrekturschleifen. Doch dies ist nur ein oberflächlicher Blick, denn genau das Gegenteil passiert.

Joe erklärt den Mitarbeitern seinen Qualitätsanspruch und gibt den Mitarbeitern die Chance diesen Anspruch zu erfüllen, bevor er darüber urteilt. Er lässt seine Mitarbeiter in der Verantwortung diese Qualität auch zu liefern und sie entsprechen diesem, denn jeder Mensch will seine Aufgabe gut machen und strebt nach Anerkennung, wie das auch Dale Carnegie in seinem Buch „Wie man Freunde gewinnt: Die

Kunst, beliebt und einflussreich zu werden" beschrieben.

Joe lässt Wolfgang nicht im Regen stehen, indem er ihm das frühzeitige Feedback verweigert, sondern stellt lediglich seine Erwartungen klar und gibt ihm erneut die Chance diesen Erwartungen zu entsprechen. Und da Joe nun weiß, dass Wolfgang, wenn er bei diesem Projekt um sein Feedback bittet, sein bestmögliches abliefert, fällt es leicht großzügig mit Anerkennung umzugehen. Wolfgang kann diese Anerkennung nun auch vorbehaltlos aufnehmen, da er in der Verantwortung geblieben ist, ihm selbst nochmals die Fehler aufgefallen sind, die er korrigiert hat und ein besseres Produkt abgeliefert hat, als er es ursprünglich getan hätte. Er musste nicht auf die Fehler aufmerksam gemacht werden, er hat sie selbstverantwortlich und selbstständig gefunden und behoben. Auch für ihn ist es also ein leichtes die Anerkennung anzunehmen.

Die Frage nach „Ist das das Beste, das du abliefern kannst?" ist so trivial und hat so wunderbare Konsequenzen, dass ich Sie nur beglückwünschen kann, wenn Sie sie anwenden.

Für die Kritiker unter Ihnen, bei denen es nun innerlich aufschreit: „Meine Mitarbeiter würden das ausnutzen und gleich mit Ja antworten." Kann ich mitgeben: Sie werden es merken, wenn das der Fall ist und Sie werden das Thema mit einem bestürztem „wenn das das Beste ist, was du abliefern kannst, hatte ich dich bisher schwer überschätzt. Wir müssen offenbar noch einmal von ganz vorne mit deiner Ausbildung starten…" Ihr Mitarbeiter wird Ihnen ins Wort fallen, nach Ausreden suchen und Sie ihn seelenruhig wieder in Fassung bringen, indem Sie ihm wiederum ins Wort fallen und ihn auffordern „ach was, schau dir das nochmal an und diesmal wirklich, ich will das Beste von dir sehen und nichts Anderes. Ich werde es merken, sollte es das nicht sein."

Ihr Mitarbeiter wird es nicht ein zweites Mal versuchen die Frage falsch zu beantworten.

Es reicht nicht aus diese Frage einmal im Jahr zu stellen. Diese muss jedes einzelne Mal gestellt werden, bis das Verhalten in Fleisch und Blut übergegangen ist. Erst dann können Sie immer wieder einmal darauf verzichten. Aber sie niemals wieder grundsätzlich weglassen!

Sie haben es doch im Gefühl ob Ihre Entscheidung tatsächlich notwendig ist oder es sich um eine absolute Nebensächlichkeit handelt, die der Mitarbeiter gerade versucht an Sie zurück zu delegieren um nicht selbst nachdenken zu müssen, um keine falsche (wenn auch unwichtige) Entscheidung zu treffen. Eigentlich sind dies noble Absichten des Mitarbeiters, die jedoch leider zu unmündigen Mitarbeitern führen, die dann die Führungskraft zu verantworten hat, da sie es war, die die Mitarbeiter zu dieser Unmündigkeit erzogen hat.

Menschen passen sich an – immer. Und jetzt wissen Sie wie einfach Sie eine positive Anpassung mit großen Auswirkungen einleiten können. Sie sehen, wie einfach es sein kann – ganz ohne großen Aufwand – die Mitarbeiter in der Verantwortung zu lassen, ein besseres Verhältnis zu Ihnen aufzubauen indem man Ihre Arbeiten mit viel Anerkennung lobt und Sie damit gleichzeitig mehr Zeit für Ihre Aufgaben haben, da nicht jeder kleine Schritt von Ihnen abgesegnet werden muss.

Hier noch ein kleiner Tipp bei der Einführung falls Sie noch immer skeptisch sind: Sie müssen es ja nicht immer gleich mit allen Mitarbeitern so machen. Testen Sie es doch subtil erst einmal aus. Machen Sie einen Test und prüfen Sie das Ergebnis. Kommt es zu keiner Verbesserung, lassen Sie es wieder. Doch falls doch, ziehen Sie es durch und erzählen Sie Ihren anderen Kollegen davon!

4 LIEBER CHEF, ICH HABE HIER EIN PROBLEM FÜR DICH

Haben Sie manchmal das Gefühl, dass Sie in Arbeit untergehen. Ihre Mitarbeiter alle ihre Probleme bei Ihnen abladen und Sie diese selbst alle selbst lösen müssen? Dass Sie der Einzige zu sein scheinen der im Boot rudert, während Ihre Mitarbeiter Kaffeekränzchen halten (Kaffeekränzchen ist zu hart sagen wir nur auf 75% der Leistung arbeiten)? Und das obwohl Ihre Mitarbeiter rudern und Sie der Steuermann sein sollten. Dann sind Sie möglicherweise mitten in dem alten Spiel der Rückdelegation.

Doch bevor Sie nun anfangen über Ihre Mitarbeiter zu schimpfen: es liegt an Ihnen. Sie haben es zugelassen!

Lassen Sie mich kurz erklären wie das Spiel funktioniert, warum Sie es zulassen, dass es gespielt wird, und was Sie dagegen tun können.

Die Spielregeln dieses Spiels:

Der Chef beauftragt einen Mitarbeiter mit der Erledigung einer bestimmten Aufgabe. Dieser nimmt diese willig an und noch bevor er richtig darüber nachdenkt, trägt er sie mit Sätzen wie zum Beispiel „ich kann das nicht, so etwas habe ich noch nie gemacht. Könnten Sie mir das bitte zeigen" oder „irgendwie komme ich nicht weiter, könnten Sie mir bitte helfen" direkt wieder zum Vorgesetzten zurück.

Der Chef hilft natürlich gerne, will ein Vorbild sein, sein eigenes Ego und seine Macht zur Show stellen und zeigen, was er alles kann. Immerhin ist er nicht umsonst der Chef. Und schon macht genau dieser die Aufgabe, die für den Mitarbeiter bestimmt war, selbst.

Dieses Spiel hat nur Verlierer. Der Chef, weil er kein Chef ist und alles selbst macht aber auch den Mitarbeiter, dem nur langweilig wird, der an keiner einzigen Herausforderung wächst, der keine Erfolgserlebnisse hat. Und doch wird es so gerne gespielt.

Bei der Führungskraft sind hier zwei treibende Spieler die der Grund dafür sind, dass dieses Spiel so gerne gespielt wird: Entweder ist es das Ego, das sagt: „Was? Du kannst das nicht. Haha, ich schon, ich bin offensichtlich besser und das zeige ich dir jetzt..." oder es ist ein bisschen Naivität und übertriebenes Hilfsbedürfnis gepaart mit einem starken Harmoniebedürfnis.

Halten Sie Ihr Ego also im Zaum, denn wenn Sie es frei lassen, bringt es Ihnen nur Arbeit und unselbstständige Mitarbeiter die mit jeder Kleinigkeit zu Ihnen gelaufen kommen.

Dabei ist mir wichtig, dass Sie mich nicht missverstehen! Ich behaupte nicht, dass die Mitarbeiter dies absichtlich machen. Ich unterstelle niemanden Faulheit. Das ist ein antrainiertes Muster, welches von klein auf trainiert wurde und in der Arbeitswelt gerne weiter vertieft wird.

Der neue Mitarbeiter muss selbstverständlich zum Vorgesetzten gehen um Fragen zu stellen, wenn etwas unklar ist. Doch es liegt an der Führungskraft für die notwendigen Klarheiten zu sorgen. Es ist Aufgabe der Führungskraft dem Mitarbeiter aufzuklären und mitzuteilen, was in diesem Fall zu tun ist, wie er künftig selbst zu einer Entscheidung kommen kann ohne nachfragen zu müssen und unter welchen Umständen definitiv nachzufragen ist.

Der unmündige Mitarbeiter ist das Produkt einer Züchtung des Vorgesetzen.

Um das eigene Ego zu befriedigen, um zu zeigen, dass man als Vorgesetzter taugt und besser ist als der Mitarbeiter und nicht zuletzt den Mitarbeiter eben nicht zu entwickeln, damit dieser nicht zur Gefahr der eigenen Position wird, sind die Gründe, warum die notwendige Aufklärung nicht durchgeführt wird, die Mitarbeiter somit nicht entwickelt werden und nichts entscheiden werden. Weil sie es gewohnt sind, zu fragen und – auch wenn es nie ausgesprochen wurde – nicht entscheiden dürfen.

Es ist also kein Wunder, wenn die Vorgesetzten ständig in Ihrer Arbeit von den eigenen Mitarbeitern unterbrochen werden. Arbeit an den Vorgesetzten rückdelegiert wird – da dies die einzige Möglichkeit zu sein scheint, wie die Arbeit richtig gemacht wird – und es genau der Vorgesetzte ist, der immer zu wenig Zeit und zu viel zu tun hat.

Aber was nun tun?

Ich durfte vor vielen Jahren bei einem Seminar des inzwischen verstorbenen Erfinders des Taekwondo General Choi Hong Hi (1918-2002) teilnehmen. Dieser meinte bei einer Übung, während er den Schlag eines Teilnehmers korrigierte: „Wenn du eine Technik 10 Jahre falsch geübt hast, brauchst du wieder 10 Jahre um es richtig zu erlernen. Wenn du es 20 Jahre falsch gemacht hast, brauchst du wieder 20 Jahre um es richtig zu erlenen." Gut, dass es hier viel einfacher und schneller geht. Ansonsten würde ich das Spiel der Rückdelegation immer noch gerne spielen.

Dieses antrainierte Verhalten lässt sich einfach wieder abtrainieren – durch eine aktive Frage der Führungskraft bevor es zur Rückdelegation kommt. Joe und Wolfgang zeigen wie: Wolfgang baut gerade ein neues Layout für eine Webseite eines Kunden. Er ist sich nicht sicher, welche Layout-Muster er für die Navigation wählen soll, da er (wie in der Branche üblich) nicht genau weiß, welche genauen Erwartungen der Kunde hat, wie viele und welche Elemente genau in der Navigation der neuen Webseite enthalten sein sollen. Also geht Wolfgang mit diesem Problem zu seinem Chef Joe. „Joe kannst du mir mit der Navigation helfen? Ich weiß nicht weiter".

Natürlich will Joe helfen und sein Beschützerinstinkt, sein Heldenego will gerade zur Rettung eilen, doch diesmal nicht und er antwortet ganz einfach: „Klar, was hast du dir bereits alles überlegt?"

Selbstverständlich tritt zu Beginn erst einmal kurze Verwirrung ein, denn Wolfgang ist es nicht gewohnt sich erst Gedanken über das Problem und mögliche Lösungen zu machen. Also klärt Joe auf: „Wolfgang du hast dir doch bestimmt schon Überlegungen zu deinem Problem gemacht, aufgrund deiner Erfahrung mit anderen Projekten verschiedene Lösungsmöglichkeiten im Blick und bist dir noch unsicher, welche die Beste ist."

Verwirrt verneint Wolfgang.

„Dann bitte überleg doch mal und wenn du wieder kommst erklärst du kurz und knapp das Problem, die Ursache des Problems – möglicherweise müssen wir ja daran arbeiten – verschiedene Lösungsmöglichkeiten und die entsprechenden Konsequenzen der einzelnen Lösung. Und dann hätte ich von dir noch gerne eine Empfehlung. Sag mir dann bitte welche Lösung du bevorzugen würdest und warum." Wolfgang kehrt zu seinem Arbeitsplatz zurück und diesmal inklusive der Arbeit, die er normalerweise bei Joe abgeladen hätte.

Wenn die Unmündigkeit der Mitarbeiter lange genug trainiert wurde, so hat niemand mehr eine Antwort auf die Frage „Was hast du dir bereits dazu überlegt?"
Die Konsequenz ist, dass der Mitarbeiter sich erst Überlegungen machen muss und anschließend sehr gerne wiederkommen kann. Natürlich wird ihm dann auch geholfen und natürlich auch dann, wenn die Situation so verfahren ist, dass er in dieser bestimmten Angelegenheit einfach auf keinen grünen Zweig mehr kommt.
Es heißt nicht den Mitarbeiter alleine zu lassen. Aber selbst dann, wenn der Mitarbeiter tatsächlich die Hilfe des Vorgesetzten benötigt, wird durch gezielte Fragen mit ihm gemeinsam eine Lösung erarbeitet. Es ist jedoch eine seltene Ausnahme und nicht der Regelfall, dass der Mitarbeiter so mit dem Rücken zur Wand steht, dass er überhaupt nicht mehr weiter weiß und Sie ihm helfen müssen.

Ich habe mit dieser Methode ausgezeichnete Erfahrungen gemacht. Denn nicht nur, dass ich selbst mehr Zeit für die wesentlichen Dinge habe, sondern es hat noch eine Reihe von anderen Effekten. Die Mitarbeiter werden selbstständiger, eine Vielzahl von Problemen, die früher zu meinen Problemen und Arbeiten wurde, lösen sich bereits auf ohne dass ich jemals davon höre. Die Mitarbeiter beschäftigen sich mit der Problematik und finden selbst die optimale Lösung, so wie bestimmt auch Wolfgang.

Sie werden feststellen, dass mit übermächtiger Mehrheit, Sie als Führungskraft der Empfehlung des Mitarbeiters folgen werden, auch wenn Sie die Entscheidung treffen.

Die konkrete Entscheidung muss von der Führungskraft getroffen werden.

Dieses Verhalten ist absolut natürlich und logisch, denn niemand hat das Thema so genau analysiert, wie der Mitarbeiter. Es war genau dieser Mitarbeiter, der die verschiedenen Lösungsmöglichkeiten ausgearbeitet, durchdacht, über die Konsequenzen jeder Lösung gegrübelt hat und somit das meiste über die Situation weiß.

Selbstverständlich wird, sofern beide annähernd die gleichen Maßstäbe und Interessen haben, die Lösung empfohlen werden, die auch die Führungskraft ausgewählt hätte, nachdem sie die einzelnen Lösungsmöglichkeiten begutachtet und bewertet hat. Wenn Sie seiner Empfehlung nicht folgen, erklären Sie Ihrem Mitarbeiter warum Sie eine andere bevorzugen, sodass dieser die Möglichkeit hat unterbewusst seine eigenen Maßstäbe mehr in Richtung Ihrer Maßstäbe zu adaptieren.

Doch auch hier gibt es wieder einen Kardinalsfehler, den Sie lieber anderen überlassen. Rühmen Sie sich nicht am Ende damit, die richtigen Entscheidungen getroffen und die richtigen Wege ausgewählt zu haben. Denn auch wenn Sie selbst es waren, der die endgültige Entscheidung getroffen hat, obliegt diese ausschließlich dem Ergebnis der Arbeit Ihrer Mitarbeiter – so wie es auch sein soll. Daher empfehle ich Ihnen, überlassen Sie die Anerkennung auch denen, die die Arbeit getan haben, Ihnen überhaupt die Wege und auch den richtigen Weg aufzuzeigen, sodass Sie ihn lediglich nur mehr beschreiten müssen.

Sobald Sie die (gesamte) Anerkennung für sich beanspruchen fühlen sich Ihre Mitarbeiter insgeheim, vollautomatisch und völlig zu Recht betrogen. Der Bauch zieht sich etwas zusammen und eine kleine Stimme sagt zu ihnen: „Ich mache die ganze Arbeit und er holt sich die Anerkennung. Das ist nicht richtig! Das ist nicht fair!". Also zeigen Sie Charakter und heben Sie die Leistungen der Mitarbeiter hervor, nicht Ihre Eigenen, die möglicherweise gar nicht so wesentlich waren wie früher, als Sie noch alles selbst erledigt hatten.

Probieren Sie diesen einfachen Rat, diesen einfachen Satz, einfach aus. Versuchen Sie es und beobachten Sie die Konsequenzen. Sollte es nicht funktionieren, so haben Sie nichts verloren. Doch wenn es funktioniert, erhalten Sie mehr Zeit, die Probleme, die zu Ihnen herangetragen werden, reduzieren sich drastisch und auch Ihre Mitarbeiter werden zufriedener und leistungsfähiger, weil ihr Einfluss auf das Ergebnis größer geworden ist und sie das Gefühl haben auch selbst etwas entscheiden zu dürfen oder zumindest ihre Meinung angehört wird.

Wenn Sie das Gefühl haben, Ihre Mitarbeiter ziehen nicht so richtig mit, sie wollen irgendwie keine Empfehlungen geben, keine Möglichkeiten aufzeigen usw. so machen Sie sich bitte folgendes bewusst: Wenn man lange genug nichts entscheiden darf, wenn man für die paar Entscheidungen die man getroffen hat immer nur die negativen Konsequenzen spüren darf, wird der Mensch konditioniert keine Entscheidungen mehr selbst zu treffen. Das System namens Unternehmen wird starr, langsam und jedes noch so kleine Problem wird „nach oben" getragen anstatt gelöst.

Oder Kurzum: Sie haben Ihren Mitarbeitern noch nie erlaubt

Fehler zu machen, eine andere Ansicht zu haben oder etwas zu entscheiden. Daher sind diese es nicht gewohnt oder trauen sich nicht Ihnen einen entsprechenden Vorschlag zu unterbreiten. So vehement Sie diese früher unterbunden haben, so konsequent und das Ego zurückhaltend erpicht müssen Sie dann nun sein, dies den Mitarbeitern wieder zu entlocken.

Mein Rat ist nicht, die Mitarbeiter alleine zu lassen. Ihnen bei Problemen nicht zu helfen – nicht, dass Sie mich missverstehen. Selbstverständlich muss man den Mitarbeitern helfen, wenn sie nicht weiterwissen. Ich rede davon, den Mitarbeitern nicht die Arbeit abzunehmen die sie problemlos selbst machen können, sie in der Verantwortung zu lassen und ihnen dann auch den Erfolg dafür zuzusprechen.

Da dieser Satz wirklich wichtig ist, möchte ich ihn noch einmal wiederholen:

Ich rede davon, den Mitarbeitern nicht die Arbeit abzunehmen die sie problemlos selbst machen können, sie in der Verantwortung zu lassen und ihnen dann auch den Erfolg dafür zuzusprechen.

Was tun, wenn der Mitarbeiter eine falsche Entscheidung trifft? Nun ja, die Entscheidung selbst haben, genau genommen, Sie getroffen. Der Mitarbeiter hat nur die Empfehlung abgegeben. Und wenn schon: Wir alle machen Fehler. Dann sprechen Sie mit mündigen Menschen, der nach bestem Wissen und Gewissen gehandelt haben. Haben Sie denn noch keine falsche Entscheidung getroffen? Eben.

5 VERFEINERN SIE IHRE SENSOREN

Mein erster Chef lehrte mich nicht auf lückenloses und sehr aufwendiges Controlling zu setzen, sondern seine Sensoren zu verfeinern. Ich nahm diesen Rat auf und fand meinen Weg damit. Denn es heißt nicht vollständig auf Controlling Mechanismen zu verzichten, jedoch heißt es den dazu notwendigen Aufwand auf ein Minimum zu reduzieren und dafür die Stimmung bei den Mitarbeitern abzuholen.

Ich weiß schon, Sie haben zu wenig Zeit um sich mit allen Mitarbeitern sehr intensiv zu beschäftigen, doch das meine ich auch nicht. Ich rede davon, wenn Sie in der Früh durch das Büro gehen oder auf einem Weg zu einem Meeting sind, einen kurzen bewussten Blick in die Gesichter der Mitarbeiter zu werfen. Machen Sie dies nicht nur bei Ihren Mitarbeitern, sondern auch bei denen von anderen Führungskollegen und fordern Sie gleiches von ihnen ein. Helfen Sie sich dabei gegenseitig ein gemeinsames Stimmungsbarometer zu entwickeln.

Wenn Sie also so durch die heiligen Büros des Unternehmens gehen, ist es Ihnen ein Leichtes zu erkennen, ob dieser oder jener Mitarbeiter gerade äußerst konzentriert, absolut relaxt oder wütend, traurig, angespannt ist. Es reichen ganz kurze bewusste Blicke in die Gesichter und die Körperhaltung der Menschen. Sie haben jeden einzelnen Tag – ohne großen Controlling-Apparat - ein noch unbenutztes jedoch sehr genaues Stimmungsbarometer.

Sie werden binnen kürzester Zeit eine vermutlich 90%-ige Trefferwahrscheinlichkeit, wenn es darum geht Dinge zu orten, die Ihrer Aufmerksamkeit bedürfen, indem Sie sich über aktuellen Herausforderungen der Mitarbeiter informieren, die einen eher negativen oder traurigen Gesichtsausdruck haben.

Diese Mitarbeiter haben ein Problem. Helfen Sie denen. Sie erfahren einen sehr wertvollen Stimmungsparameter der sich objektiv nicht messen lässt, aber wichtig ist. Ist es total stressig? Ist dies nur gerade jetzt oder sind die Mitarbeiter schon längst über dem Limit. Woran liegt es und was können Sie nun tun? Stellen Sie sich diese Fragen, wenn es notwendig ist. Hinterfragen Sie Traurigkeit und Unsicherheiten Ihrer Mitarbeiter, bei Bedarf. Nehmen Sie Ihre Führungsaufgabe dahingehend war und verstecken Sie sich nicht hinter irgendwelchen Zahlen.

Ein weiterer Vorteil ist, sollten Sie selbst gerade nicht die beste Laune haben, werden Sie bestimmt jemanden finden, der gerade die beste Laune hat. Möglicherweise kann Sie dieser Mitarbeiter ein bisschen aufheitern. Mit starrem, auf dem Boden fixiertem Blick hätten Sie diese Chance niemals.

Sobald Sie Ihren Mitarbeitern Vertrauen entgegenbringen und Ihnen zeigen, dass Sie viel von Ihnen halten und viel erwarten, so werden diese dem eher entsprechen. Vor allem dann, wenn Sie Ihnen in den schwierigen Situationen helfen. Wobei helfen nicht bedeutet, dass Sie die Arbeit für den Mitarbeiter machen, sondern es heißt, dass Sie ihm zur Seite stehen und durch die Schwierigkeiten helfen. Ihm helfen an der Herausforderung zu wachsen indem Sie die richtigen Fragen stellen, damit der Mitarbeiter selbst auf die Lösung kommt da Sie ihn ganz sanft in die richtige Richtung geführt haben.

Sobald Sie so mit Ihren Mitarbeitern umgehen, werden diese sich bewusst oder unbewusst verändern.

Organisieren Sie sich selbst und Ihr Umfeld wird sich mit Ihnen verändern.

Die Mitarbeiter werden sich Ihnen erneut anpassen. Doch seien Sie nicht komplett blind! Es geht nicht darum sämtliches Controlling zu entfernen. Sondern darum es auf ein notwendiges Minimum zu reduzieren.

Ich habe es mir mit verschiedenen Mitarbeitern zur Aufgabe gemacht, eine Handvoll Kennzahlen einfach zu ermitteln, die uns zeigen, ob das Team tolle Arbeit leistet oder gerade etwas aus dem Ruder läuft. Diese Kennzahlen zeigen ein zweites Bild parallel zum Stimmungsbarometer. Es ersetzt diesen nicht!

Sobald unsere Parameter zeigen, dass das Team gut läuft, konzentrieren wir uns darauf die Persönlichkeiten der Mitarbeiter zu entwickeln und die Mitarbeiter zu neuem zu begeistern, etwas Neues auszuprobieren und das Team mit Veränderungsbereitschaft aufzuladen. In der schnelllebenden IT Branche ist Veränderungsbereitschaft unabdinglich oder, sollte sie fehlen, die ständig notwendigen Veränderungen sehr schmerzhaft.

Sobald unsere Parameter jedoch zeigen, dass etwas aus dem Ruder läuft, gehen wir dem Thema gemeinsam mit dem Team nach.

Die Konsequenzen sind möglicherweise verwirrend, aber wichtig: Durch den Stimmungsbarometer und die fünf Parameter (die binnen fünf Minuten ermittelt sind), die uns zeigen ob ein Team gut arbeitet, leisten wir es uns darauf zu verzichten jeden Tag die Arbeitszeiten auf die Minute zu kontrollieren, wir akzeptieren kleine Schwankungen in der Projektzeiterfassung und machen nicht aus jeder Mücke einen Elefanten. Diese Kleinigkeiten, die täglichen Kontrollen von fünfzig einzelnen Aufgaben, Parametern etc. sind es, die dem Vorgesetzten sehr viel Zeit fressen und auch die Gedanken der Führungskraft lediglich auf Fehler und nicht auf Erfolg einstellen. Die Reduktion dieser bürokratischen Notwendigkeit auf das absolute Minimum, aber dafür das Einführen von robusten Parametern und feinen Sensoren bzgl. Stimmungsparameter ermöglichten es meinen Mitarbeitern und mir viel Zeit zu sparen und uns wirklich um diese großen, oft auch schwierigen Themen zu kümmern, um die sich tatsächlich gekümmert werden sollte.

Da wir die Kleinigkeiten nicht kontrollieren, laufen wir nicht Gefahr uns um diese Nichtigkeiten zu kümmern.

Sagen Sie der Stimme, die nun aufschreit „das wird bestimmt ausgenutzt", dass es egal ist. Denn wenn jemand das Vertrauen ausnutzt, so wird dies über kurz oder lang auffallen und zu einem sehr, sehr ernsten Gespräch führen, das sicherstellt, dass man ausschließlich ein einziges Mal das Vertrauen missbraucht. Oder es handelt sich tatsächlich um Nichtigkeiten, die einfach nicht wichtig sind und es tatsächlich egal ist, wenn diese ausgenutzt werden.

Sie müssen dem nicht zustimmen. Möglicherweise sehen Sie dies komplett anders. Das ist okay. Ich schildere hier lediglich meine Erfahrungen. Sie können dies als Blödsinn abstempeln oder auch kurz darüber nachdenken was es bewirken könnte und vielleicht ein kleines Experiment wagen, es mit einzelnen Mitarbeitern auszuprobieren und sollte es nicht funktionieren, lassen Sie es wieder.

Selbstverständlich ist das Bauchgefühl nicht perfekt. Natürlich ist es absolut subjektiv. Doch Teams lassen sich so gut führen. Und auch in der nächsten Ebene, in der Sie Ihre Teamleiter führen funktioniert es genauso.

Eine Schwierigkeit bleibt natürlich: Das Finden der maximal fünf Parameter, die ganz einfach zu ermitteln sind und Ihnen zeigen, ob das Team tolle Arbeit leistet. Doch Sie werden sie finden. Und Sie können sogar Mitarbeiter aus Ihrem Team auffordern Ihnen dabei zu helfen, diese Parameter gemeinsam zu erarbeiten.

„Warum sollten sie das tun?", fragen Sie sich nun? Ganz einfach: Weil diese Parameter auch einen offensichtlichen, objektiven Rahmen für Ihre Mitarbeiter bietet, in dem sich die Mitarbeiter autonom bewegen können und diese Freiheit und Klarheit sehr viel Wert ist – für beide Seiten. Jeder weiß, Sie werden nicht eingreifen, wenn dieser Rahmen eingehalten wird und sie werden eingreifen, wenn dies nicht der Fall ist. Ist dies nicht eine bestechende Klarheit, die selten so existiert?

Prüfen Sie jedoch hin und wieder, ob Sie mit den gefundenen Parametern keine blinden Flecken erzeugt haben. Also wichtige Bereiche, die Sie nun überhaupt nicht erfassen – nicht die Kleinigkeiten, sondern die wichtigen Bereiche! Sobald Sie welche finden, aktualisieren Sie Ihre Parameter, schmeißen Sie welche weg und geben Sie neue hinzu aber versuchen Sie bei maximal fünf sehr einfachen Parametern zu bleiben.

Die Mischung eines objektiven Rahmens, indem es richtig und falsch gibt, mit den Mengen an subjektiven Eindrücken aus dem Stimmungsbild funktioniert deswegen so gut, weil Sie die tausend Nichtigkeiten aus Ihrem Führungsleben streichen können. Es funktioniert auch deswegen so gut, weil Ihre Mitarbeiter Individuen sind, Gefühlsmenschen und kein Blatt Papier mit Zahlen. Sie von ihnen geliebt werden dafür, dass Sie sie auch nicht so behandeln, sondern Ihnen bei Schwierigkeiten helfen, Sie proaktiv mit ihnen sprechen und das „Problemradar" entwickeln.

Gleichzeitig weiß jeder Mitarbeiter, dass es im Unternehmen Zahlen, Daten und Fakten benötigt. Sind es wenige, die auch verstanden werden und ein Ursache-Wirkungsprinzip erkennbar ist, so ist dies ein wirksames Führungsmittel, welches die Mitarbeiter gut akzeptieren.

6 DER KLEINE NEBENEFFEKT

Sie haben natürlich bemerkt, dass durch die vorangegangenen Führungselemente nicht nur weniger Arbeit an Sie herangetragen wird, sondern vor allem weniger Probleme. Weniger Probleme bedeutet auch weniger psychische Belastung, ein stärkeres, positives „alles läuft"-Gefühl, welches sich positiv auf Ihre Stimmung auswirkt.

Dieses positive Gefühl lässt Sie zusätzlich produktiver und kreativer werden. Es ist insbesondere auch deswegen für Sie als Führungskraft wichtig, da der Chef nur sehr selten – falls überhaupt – von seinen Mitarbeitern gelobt wird. Somit bauen wir uns an diesen Erfolgen auf, freuen uns, dass weniger Probleme an uns herangetragen werden und es somit gut laufen muss und wir freuen uns aufrichtig über die Anerkennung, die wir unseren Mitarbeitern zukommen lassen.

Auch wenn diese Anerkennung nicht direkt an uns gerichtet ist oder von uns weitergegeben wird, ist sie schlussendlich eine Bestätigung unserer Führungsarbeit.

7 ZUSAMMENFASSUNG

Wie Sie gesehen haben, habe ich Ihnen keine Techniken gezeigt, wie Sie Ihre Arbeiten organisieren oder was Sie wann zuerst erledigen sollen. Ich habe kleine Werkzeuge aufgezeigt, wie Sie in Ihrer Führungsaufgabe mit klassischen Führungsfallen umgehen können, wenn Sie immer zu viel zu tun und zu wenig Zeit haben.

Es geht darum, nicht die Arbeit Ihrer Mitarbeiter zusätzlich zu machen, sondern darum, Ihre Mitarbeiter zu befähigen, die Arbeit selbst zu machen und ihnen zu helfen, damit diese fähig werden, dies auch zu tun.

Es geht darum den Mitarbeiter in der Verantwortung dafür zu lassen, dass die Arbeit zeitgerecht, termingerecht und in der entsprechenden Qualität erledigt wird. Dass diese Verantwortung nicht immer wieder an Sie zurück delegiert wird und dass Sie nicht nur ständig die unreflektierten Probleme an Sie herangetragen werden, sondern konkrete Analysen und Entscheidungshilfen für Sie.

Ich möchte, dass Sie mehr Zeit für sich haben, für Ihre eigentliche Arbeit. Dass Ihr Team gedeiht, weil es selbstverantwortlich agiert und Sie mit feinen Sensoren Ausschau halten, welche Mitarbeiter Sie gerade wirklich brauchen oder wo es gerade ein wenig kriselt, damit Sie ihnen in dieser schweren Zeit helfen.

Sie sind endverantwortlich für das, was Ihr Team tut, wie Ihre Mitarbeiter agieren und was Sie liefern. Verwenden Sie daher auch ganz wenige, ganz einfache Parameter die Ihnen brutal ehrlich (die Betonung liegt auf ‚brutal ehrlich') zeigen, ob alles in Ordnung ist oder Sie Hand anlegen müssen.

Mit diesen einfachen Werkzeugen schaffen Sie es mehr Selbstverantwortung in Ihre Teams zu legen, ein sehr gutes Verhältnis zu Ihren Mitarbeitern aufzubauen und schlussendlich mehr Zeit für die wesentlichen Teile Ihrer Arbeit zu haben und auch mehr Freizeit.

Sie sollten, wenn es gut läuft, weniger arbeiten. Wenn es nämlich nicht so gut läuft, erwarten ohnehin alle und Sie auch von sich selbst, dass Sie die Kohlen aus dem Feuer holen und mehr arbeiten. Bemühen Sie sich also um den entsprechenden Ausgleich, wenn es gut, wenn es hervorragend läuft.

Gönnen Sie Ihren Mitarbeitern die Anerkennung nach der sie so sehr dürstet und die sie sich auch verdient haben. Freuen Sie sich darüber, denn ein ausgezeichnetes Team, das ausgezeichnete Arbeit leistet, hat bestimmt auch eine ausgezeichnete Führungskraft, die es versteht diese Fähigkeiten der Mitarbeiter herauszuarbeiten und zu veredeln.

Vergessen Sie niemals, dass Ihr Team, Ihre Abteilung, Ihre Firma auch dann funktionieren muss, wenn Sie auf Urlaub sind. Sie muss auch dann funktionieren, wenn Sie krank sind, oder nicht erreichbar. Alleine aus diesen Gründen sollten Sie die Eigenverantwortung Ihres Teams steigern und Ihr eigenes Ego so weit als möglich zurücknehmen.

In diesem Sinne wünsche ich Ihnen viel Erfolg und mehr selbstbestimmte Zeit.

Herzlichst Ihr, *Neues Führungsteam*

8 NACHWORT

Danke, dass Sie dieses Buch gelesen haben. Wenn es Ihnen gefallen hat, hinterlassen Sie doch eine entsprechende Rezension und empfehlen Sie uns weiter!

Wir freuen uns, wenn Sie weiterhin Interesse daran haben, eine effektivere, erfolgreichere Führungskraft zu werden und laden Sie ein uns auf Twitter unter @NeueFuehrung zu folgen und selbstverständlich auch die weiteren auf konkrete Themen fokussierten Bücher von uns zu lesen.

Wir wünschen weiterhin viel Erfolg bei den spannenden Herausforderungen in Ihrem Führungsalltag. Kontaktieren Sie uns bei Fragen unter www.neues-fuehrungsteam.com.

Ihr Neues-Führungsteam.

www.ingramcontent.com/pod-product-compliance
Lightning Source LLC
Chambersburg PA
CBHW070228210526
45169CB00023B/1298